DE LA

CONSOLIDATION

DE LA PUISSANCE FRANÇAISE

EN ALGÉRIE.

IMPRIMERIE DE DANICOURT-HUET, A ORLÉANS.

DE LA

CONSOLIDATION

DE

LA PUISSANCE FRANÇAISE

EN ALGÉRIE,

Par M. C. de B.

Sécurité, Colonisation, Production.

PARIS,

CHAMEROT, LIBRAIRE, QUAI DES AUGUSTINS, 33.

—

JANVIER 1841.

DE LA CONSOLIDATION

DE LA PUISSANCE FRANÇAISE

EN ALGÉRIE.

CHAPITRE I.

SITUATION.

La question d'Alger va se reproduire incessamment devant les chambres : n'est-il pas à propos que l'opinion publique se fasse entendre à l'avance sur ce sujet, mal étudié jusqu'à cette époque, et qu'elle prépare une discussion plus approfondie ?

La France veut la conservation de l'Algérie, parce que son honneur, sa gloire, l'idée qu'elle doit donner à l'Europe de sa grandeur et de sa puissance, exigent qu'elle y maintienne sa domination. Sa volonté à cet égard est tellement énergique qu'aucune chambre, aucun ministère n'oserait encourir l'immense impopularité qui s'attacherait au vote humiliant de son abandon.

Aussi, depuis dix ans qu'elle a conquis Alger, elle ne marchande ni ses trésors, ni le sang de ses braves soldats pour y consolider sa puissance.

Chaque année elle a même accordé, en hommes et en argent, des subsides toujours plus considérables que ceux de l'année précédente.

Cette année encore, les crédits votés ont dépassé tous les crédits antérieurs; et les préparatifs qui se sont faits à Alger et dans la province d'Oran annonçaient des efforts plus grands que tous ceux tentés jusqu'alors, lorsque l'éventualité d'une guerre européenne est venue les suspendre.

Mais la France, pour prix de tant de sacrifices, demande des résultats; elle veut que notre domination se consolide.

Eh bien ! cette année, nous avons livré dix combats glorieux où nous sommes restés dix fois vainqueurs; nous nous sommes emparés de Scherchel, de Médéah, de Miliana; mais notre invasion ne pouvant se prolonger, une retraite était nécessaire, et nous ne nous sommes pas encore trouvés en mesure de protéger les populations que la supériorité incontestable de nos armes pouvait rallier à notre cause; en sorte que, malgré nos succès, l'ennemi est resté libre dominateur du pays, comme il l'était avant.

Bien plus, au moment même où tant de défaites successives auraient dû surtout le démoraliser, il a osé venir nous attaquer, nous insulter impunément jusque sous les murs d'Alger.

Enfin, après dix ans de conquête, après tant de dépenses et de sang versé,

Pas une seule tribu ne nous est véritablement soumise; dans les provinces d'Alger et d'Oran, elles nous sont ouvertement hostiles; dans celle de Constantine, elles sont tranquilles, mais elles attendent l'événement.

D'ailleurs, la colonisation ne prend aucun accroissement sensible; la production est presque nulle; et le commerce n'est alimenté que par les consommations de l'armée; les relevés présentés chaque année aux chambres en font foi.

Et rien ne porte à croire que l'avenir doive s'améliorer.

Tel est aujourd'hui le résultat définitif de tant de sacrifices, alors que la valeur de nos braves soldats, l'habileté et l'énergie de leurs chefs, enfin l'ensemble de l'administration, n'ont été dignes que de nos éloges.

Que devons-nous en conclure?

C'est donc que le système qui préside aux destinées de l'Algérie est vicieux, qu'il péche par ses fondemens, qu'il annihile tous les efforts.

C'est donc que nous ne possédons encore bien réellement qu'Alger, Bone et Oran, parce que nos vaisseaux y peuvent aborder; et que, partout ailleurs, à Constantine même, nous ne sommes que *campés*, et non point *établis*.

C'est donc que les Arabes ne comprennent que trop bien cette vérité, que nos gouvernans ignorent sans doute, qu'un peuple n'a pris possession définitive du territoire qu'il a conquis, que lorsqu'il y construit, qu'il y cultive, et que sa génération s'y reproduit.

Mais, chaque année, le même motif, la crainte d'encourir une impopularité certaine, fera voter les mêmes subsides, et dans dix ans l'Algérie aura coûté un milliard à la France, sans que notre domination y soit plus consolidée qu'aujourd'hui.

Un tel état de choses, pour le moment actuel, comme pour l'avenir, n'est plus tolérable, et réclame hautement un changement de système.

Ajoutons que, d'un moment à l'autre, une guerre continentale peut obliger la mère-patrie à retirer ses troupes, qu'une guerre maritime peut mettre obstacle aux ravitaillemens, avant que l'Algérie en soit venue à se suffire à elle-même; que dès-lors l'intérieur sera la proie d'Abd-el-Kader, les villes du littoral celle des Anglais. Ainsi donc tous nos efforts en hommes et en argent, tous nos sacrifices seront perdus, anéantis!

Il est urgent de réfléchir sur une situation aussi critique, et de prévenir les désastreuses catastrophes qu'elle présage.

Mais loin de nous la pensée de conclure en proposant l'abandon!

L'Algérie ne doit pas être abandonnée, parce que le système qui l'a régie jusqu'à présent a été mal conçu et peu étudié; parce que tous les débats de porte-feuilles à l'intérieur des chambres ôtent à nos représentans le loisir nécessaire pour discuter avec soin les vrais intérêts du pays.

Les avantages qui doivent résulter de la possession de l'Algéric ne sont pas contestables , pour avoir été mal exploités :

La beauté du climat , la fertilité du sol, un développement de deux cent quarante lieues de côtes, en face de celles du Languedoc et de la Provence, à trois jours de distance de navigation, l'immense prépondérance que leur occupation doit un jour nous assurer sur la Méditerranée, ne sont pas de nature à être sérieusement contestés :

Mais, par-dessus tout, lorsque l'honneur de la France se trouve intéressé dans la question, et lorsque l'opinion publique se fait entendre aussi énergiquement en sa faveur,

Il n'y a plus alors à hésiter :

Il faut conserver l'Algérie, mais il faut changer le système qui la régit. Il faut examiner sous quels rapports l'Algérie, au lieu d'être une charge pesante, peut devenir pour la France un élément de prospérité, peut donner à son commerce un développement immense, inoui, et augmenter surtout son importance politique.

C'est sous ce point de vue que nous avons cru devoir envisager l'Algérie, en venant proposer le nouveau système que nous allons développer.

Nous le proposons en dehors de tout esprit de parti ; nous le soumettons loyalement à toutes les opinions, à celles-là du moins chez lesquelles on sent le cœur battre, quand il s'agit de l'honneur et des intérêts de notre belle France. Trop heureux si les idées nouvelles qu'il suggère doivent provoquer quelque amélioration !

CHAPITRE II.

THÉORIE DU SYSTÈME.

Mais, avant de formuler un système, posons quelques principes :

Pour que la possession de l'Algérie cesse d'être pour la France une charge exorbitante et sans compensation, *il faut que l'Algérie produise ;*

Pour qu'elle puisse produire, *il faut qu'elle soit colonisée ;*

Pour pouvoir la coloniser, *il faut nécessairement y faire naître d'abord la sécurité.*

Ainsi, sans sécurité, point de colonisation ; sans colonisation, point de production ; sans production, l'Algérie n'est pour la France qu'une charge intolérable, qu'un gouffre qui absorbe inutilement chaque année ses soldats et ses trésors ; il est absurde, il est même alors ridicule de ne pas l'abandonner.

Mais l'honneur national est engagé à sa conservation..... !

Alors, occupons-nous de rechercher les moyens qui pourront lui donner la sécurité, qui amènera la colonisation, qui donnera la production.

Donner la sécurité à l'Algérie : tel est le problème qu'il importe essentiellement de résoudre, l'œuvre indispensable dont nous avons avant tout à nous occuper.

CHAPITRE III.

EXPOSITION.

Posons encore ici quelques principes :

La sécurité nécessaire à l'Algérie ne lui sera acquise que lorsque nous nous serons mis en mesure

Et de protéger efficacement les populations indigènes qui, par crainte ou par intérêt, voudront se soumettre à notre domination ;

Et d'écraser, ou de faire déguerpir celles qui, comme les Hadjoutes, nous sont décidément hostiles.

Mais, pour protéger un pays et le préserver des excursions de l'ennemi, ou bien encore pour forcer l'ennemi à l'abandonner, il faut *être placé en avant.*

Car, comme le dit le général Bugeaud, on ne protége pas en se tenant par-derrière.

Il faut encore que nos troupes, nos colonnes mobiles, puissent incessamment se transporter sans difficulté d'une extrémité de l'Algérie à l'autre, pour y rendre sensibles les effets de notre protection ou de notre colère, pour y faire apprécier les bienfaits de notre domination ou redouter ses vengeances.

Il faut que, désormais, tout ce qu'il y aura eu de glorieux dans une marche en avant ne soit plus chaque fois déconsidéré aux yeux des Arabes par le désavantage d'une retraite.

Il faut donc, en d'autres termes, que nos colonnes, à la fin de chaque journée de marche, soient assurées de rencontrer un lieu de station où elles trouveront le repos, le gîte, les ravitaillemens convenables ; où elles pourront déposer leurs malades et leurs blessés, et laisser momentanément les convois qui les embarrassent, pour marcher à l'ennemi et le disperser avant de reprendre leur route.

C'est alors seulement que notre domination en Algérie ne sera plus contestée; que les Arabes lui rendront hommage, et que la sécurité pourra se consolider.

Pour atteindre ce but, quelles mesures avons-nous à prendre ?

Voici le système que nous proposons :

1° Nous devons d'abord rendre praticables et faciles en tous temps les communications d'Alger avec Médéah; et pour cela établir des camps intermédiaires éloignés les uns des autres d'une faible journée de marche, vingt ou vingt-cinq kilomètres au plus.

Médéah, dès-lors, sera, au sud, le point central de nos opérations.

Puis, de Médéah, nous devons diriger vers l'ouest une ligne de camps retranchés, qui, traversant le Chélif, toujours à une faible journée d'étape les uns des autres, iront gagner Tagadempt, tandis que d'Oran une ligne semblable de camps retranchés, allant d'abord gagner Mascara, ira rejoindre la première également à Tagadempt.

A l'est, une autre ligne, partant aussi de Médéah, ira en même temps gagner Hamza, de là Sétif, Constantine et Bone.

Indépendamment de cette grande ligne principale, formant à l'aide de la mer une vaste enceinte qui s'étendra de Bone à Médéah et à Oran, et dont l'intérieur devra tôt ou tard subir entièrement notre domination et recevoir une nombreuse colonisation civile, d'autres lignes secondaires feront communiquer Mostaganem avec Mascara, Alger avec Hamza, Bougie avec Sétif, Philippeville avec Constantine, etc. Enfin, Tlemcen devra plus tard être liée à la fois avec Mascara, Oran et l'embouchure de la Tafna.

Il est presque inutile de répéter que des colonnes mobiles, composées de troupes acclimatées au pays et organisées pour ce service spécial, devront incessamment parcourir dans tous les sens les lignes que nous venons d'indiquer, et que, de chaque camp retranché, elles pourront s'élancer dans toutes les directions, sans être embarrassées de leurs bagages ou de leurs malades, tantôt pour aller châtier des tribus insoumises, même à la distance de plusieurs journées de marche, détruire leurs habitations, brûler leurs récoltes ou vider leurs silos, c'est-à-dire pour les forcer à émigrer de l'autre côté de l'Atlas; tantôt pour rétablir la concorde entre les tribus soumises, les obliger à réprimer sévèrement les délits individuels, exiger de nombreux otages; enfin, percevoir exactement la faible redevance à laquelle chaque peuplade sans exception devra être assujetie, et qu'elle paiera comme hommage rendu à notre domination, mais surtout pour faire respecter les autorités que nous aurons établies parmi les indigènes.

Alors, et dans un court délai, nous verrons les Arabes prendre confiance en notre protection, et, soit par crainte, soit par intérêt, abandonner Abd-el-Kader, dont ils n'auront plus à redouter les châtimens, et qui sera forcé d'aller s'établir de l'autre côté de l'Atlas; une sécurité suffisante sera acquise à l'Algérie, et permettra enfin à la colonisation civile de prendre faveur, et de se propager par-delà les limites dans lesquelles la crainte des irruptions des Arabes l'a obligée jusqu'ici de se tenir renfermée.

Mais, pour compléter la mesure et la rendre durable, en limitant à un petit nombre d'années la dépense considérable qu'elle occasionnera, enfin pour donner à la colonisation civile l'impulsion qu'elle a besoin de recevoir,

2° Nous devons en outre *coloniser militairement* tous ceux de ces camps qui, par leur situation, en seront reconnus susceptibles.

En résumé, pour atteindre le but auquel nous tendons, nous proposons une mesure principale,

L'établissement d'une grande ligne de camps retranchés;

Puis, pour la compléter, nous en proposons une seconde,

La colonisation militaire.

Telles sont les deux grandes mesures que nous considérons comme les seules capables de donner la sécurité, en anéantissant la puissance d'Abd-el-Kader; de consolider avec des chances de durée notre domination en Algérie; et de la rendre bientôt profitable à la France au moyen de la production, au lieu de continuer à lui être onéreuse.

Nous allons les examiner dans leurs détails.

CHAPITRE IV.

DES CAMPS RETRANCHÉS.

Il n'y a pas encore deux siècles, lors de la paix des Pyrénées, quel était le spectacle que présentait notre France, aujourd'hui si prospère, si civilisée, si confiante dans la paix intérieure, ou plutôt dans la force que la concentration du pouvoir donne à son gouvernement pour prévenir ou réprimer les guerres civiles ?

Il n'y a pas deux siècles, toutes nos villes, nos bourgs, étaient revêtus de fortifications; les châteaux, les couvens même, dans nos campagnes, étaient entourés de fossés et de murs crénelés; et dans la plupart de ces enceintes s'élevait une haute tour destinée à explorer au loin l'approche de l'ennemi.

Eh bien, pouvons-nous raisonnablement espérer que nous coloniserons l'Algérie, que nous mettrons son sol fertile en culture, au milieu de populations braves, aguerries, jalouses de leur indépendance, fanatisées par une religion ennemie déclarée de la nôtre, sans prendre au moins les mesures de sécurité et de conservation qui semblaient encore indispensables à nos pères, en France, il y a deux siècles ?

Certes; nous sommes loin de prétendre qu'il ne sera jamais possible de fonder un village en Algérie, sans qu'il y ait nécessité de l'environner d'une bonne enceinte; mais si nous voulons nous trouver en position de nous en dispenser sans imprudence, sans que ce village coure risque d'être dévasté dans une de ces irruptions si imprévues et si audacieuses des Arabes, il faut au moins qu'il y ait d'abord un système de protection organisé stratégiquement pour la défense du pays.

Ce système de protection que nous réclamons pour l'Algérie

consistera dans les lignes stratégiques de camps retranchés que nous avons indiquées tout-à-l'heure.

Nous demandons dès lignes de camps retranchés, et non des camps placés isolément.

Parce que des camps placés en ligne à la distance d'une faible journée de marche se soutiennent mutuellement. Il est plus facile d'établir entre eux des correspondances télégraphiques ; ils peuvent entretenir plus aisément la viabilité de leurs routes de communications. Les convois qui doivent les ravitailler n'ont pas besoin d'aussi fortes escortes pour éviter d'être enlevés par l'ennemi pendant le trajet. On pourra choisir le jour, l'heure du départ, et préalablement faire éclairer les environs de la route à parcourir. On pourra même différer un départ, parce que l'on sait que les Arabes ne tiennent ordinairement campagne que pendant un petit nombre de jours.

Tandis qu'aujourd'hui, si l'on part de Blida pour ravitailler Médéah ou Miliana, il faut des corps d'armée, il faut des apprêts, des réunions de forces qui donnent l'éveil à l'ennemi, et lui permettent de réunir à propos les siennes.

Enfin, des camps retranchés disposés en ligne, et pourvus des moyens de correspondre télégraphiquement, couvrent et défendent une plus grande surface de pays, et offrent plus de chances de succès pour réprimer ou empêcher les excursions des Arabes.

Mais l'avantage principal, et qui domine tous les autres, dans un système général de lignes de camps retranchés, consiste dans la facilité des communications, moyennant laquelle nos troupes, nos colonnes mobiles, pourront être mises en mouvement d'une extrémité de l'Algérie à l'autre toutes les fois que le besoin du service le requerra.

FONDATION DES CAMPS RETRANCHÉS.

Les lignes de camps retranchés seront établies par des corps d'armée qui, partant de Médéah, ou d'Oran par exemple, viendront, à la distance d'une journée de marche, occuper un premier emplacement désigné par les officiers du génie, et offrant par sa position, autant que les localités environnantes pourront le permettre, tous les avantages de situation qui seront à désirer, tant sous le rapport militaire que sous celui de la colonisation et de la culture.

L'enceinte sera aussitôt tracée, les fossés creusés à moitié largeur, les logemens sous tentes et baraques dressés provisoirement, le système de défense et l'armement mis au complet.

Enfin on laissera dans le camp garnison suffisante, qui sera chargée de compléter par son travail tout ce qui n'aura été qu'ébauché, pendant qu'une colonne mobile viendra d'Oran, apportant tous les matériaux et ustensiles nécessaires, mettra les approvisionnemens au niveau des besoins, et retournera bientôt chercher ceux qui manqueront encore pour le camp plus loin placé.

Mais déjà le corps d'armée principal se sera remis en route; il améliorera, chemin faisant, la voie de communication du camp déjà établi avec celui qu'il va de nouveau établir; et, parvenu à la distance convenable, il recommencera les opérations auxquelles il vient de se livrer, avant d'aller plus loin les recommencer encore, jusqu'à ce que la saison avancée, soit en été, soit en hiver, l'oblige à rentrer dans ses quartiers.

C'est ainsi que les progrès successifs de l'établissement d'une ligne de camps retranchés, pénétrant dans l'intérieur des pays soumis à la domination d'Abd-el-Kader, frapperont sa puissance au cœur, sans qu'elle puisse se débattre sérieusement contre leur atteinte. C'est ainsi que les Arabes seront bientôt convaincus que la domination française est établie en Algérie avec des conditions de durée définitive et non plus éphémère.

Dans la province d'Oran, pendant qu'un corps d'armée opérerait de la sorte, en partant d'Oran, dans la direction de Mascara, et établirait successivement cinq ou six camps avant d'arriver à cette ville, un autre corps d'armée, parti de Mosta-ganem, pourrait en même temps fonder les deux ou trois camps nécessaires pour établir une communication entre Mostaganem et Mascara. De la sorte, Mascara, appuyée dans la direction du nord et dans celle de l'ouest, pourrait devenir un point central important, à partir duquel seraient dirigées les opérations militaires à venir. Cette place pourrait recevoir de nombreux approvisionnemens, posséder des magasins, et devenir une sorte de chef-lieu destiné à commander à tout le pays environnant, dans un rayon fort étendu. C'est de ce point que, l'année suivante, un corps d'armée fortement organisé devra se diriger vers Tagadempt, en laissant des camps établis dans l'espace intermédiaire.

Dans la province d'Alger, les opérations se trouveront plus complexes. Il s'agirait d'abord de faire de Médéah un point central d'opérations militaires et de magasins, encore plus important et mieux appuyé que ne le serait Mascara. Cette mesure préalable devra être prise avant de songer à diriger une ligne de camps retranchés vers Tagadempt.

Ainsi, une première ligne de camps devra conduire directement d'Alger à Médéah, en passant par Blida, et en suivant la nouvelle route tracée par le maréchal Valée, si elle est reconnue d'une viabilité préférable à celle du col de Mouzaya.

Pendant ce temps, une autre ligne sera établie d'Alger, dans la direction du Fondouc, sur Hamza, qui devra être fortifié avec plus de soin qu'un camp ordinaire ; car de ce point important devra partir une double ligne de camps, l'une se dirigeant sur Sétif par les Portes-de-Fer et la Medjana, tandis que l'autre ira rejoindre Médéah, et couvrira de la sorte toute la partie est de la plaine de la Mitidja.

Pour couvrir la partie occidentale, une ligne de camps partant de Cherchel ira gagner aussi Médéah, en passant par Miliana ou les Eaux-Chaudes.

Ainsi Médéah devrait commander à trois lignes de camps dirigées sur Hamza, Alger et Cherchel, avant qu'on pût s'occuper de l'établissement d'une quatrième ligne, la plus importante, et dont l'exécution serait la plus hardie. Cette ligne, partant de Médéah, traverserait le Chélif, longerait sans doute à mi-côte les pentes de l'Atlas en suivant le cours du fleuve à distance plus ou moins rapprochée, jusqu'à ce qu'elle fût arrivée à Tagadempt, où elle se réunirait à la ligne partie d'Oran.

Peut-être que, pour la fortifier dans une étendue aussi prolongée, à travers un pays très-fertile, et sans doute très-peuplé, il serait à propos de la faire soutenir à moitié chemin par un embranchement parti de Tennis, et qui viendrait la rejoindre en traversant le Chélif.

Tels seraient, suivant notre système, les premiers établissemens stratégiques réclamés par la nécessité de repousser loin d'Alger le théâtre de la guerre, et de diminuer les forces de l'émir en offrant protection immédiate et efficace aux tribus Arabes, qui, lassées de tant de combats, et des sacrifices qu'ils occasionnent, seraient tentées de rechercher notre protection. Nous croyons ce système préférable à l'obstacle continu dont il est question.

Plus tard, l'occupation de l'Algérie pourra être rendue plus complète par l'établissement d'un autre centre d'opérations dans Tlemcen, qui commanderait à trois lignes dirigées sur Mascara, Oran et l'embouchure de la Tafna.

Enfin, dans la province de Constantine la même mesure pourra être prise dans les directions que nous avons déjà indiquées, et probablement sans offrir à beaucoup près autant de difficultés que dans la province d'Oran.

En calculant aussi exactement que nous le pouvons le nombre de camps qui doivent occuper toutes ces lignes, nous trouvons qu'il ne s'élève pas au nombre de cent, mais nous pensons que la différence sera placée avec avantage en dehors de ces lignes.

Voici le tableau des camps à établir :

PROVINCE DE CONSTANTINE :

De Bone à Constantine, par Guelma, 160 kilom., 8 étapes, qui demanderont six camps intermédiaires, les points de départ et d'arrivée étant

déjà occupés, ainsi que Guelma. . .	6 camps.
De Philippeville à Constantine, 80 kilom., trois étapes, deux camps déjà établis.	2 camps.
De Constantine à Alger, par Sétif et Hamza, route suivie en 1839, 400 kilom., 20 étapes, 19 camps.	19 camps.
De Bougie à Sétif, environ 160 kilom., 8 étapes, sept camps.	7 camps.
Total pour la province de Constantine.	34 camps.

PROVINCE D'ORAN.

De Médéah à Oran, par Tagadempt et Mascara, distance mesurée sur la carte, de longueur égale à celle de Constantine à Alger, environ 400 kilom., 20 étapes, dix-neuf camps.	19 camps.
De Mostaganem à Mascara, 64 kilom., 3 étapes, deux camps.	2 camps.
De Tennis au Chélif, environ 80 kilom., 4 étapes, mais quatre camps. . . .	4 camps.
Total pour la province d'Oran.	25 camps.

PROVINCE DE TITTERIE OU D'ALGER.

Il restera à établir :

De Hamza à Médéah, environ 80 kilom., 4 étapes, trois camps.	3 camps.
De Cherchel à Médéah, passant par Miliana, environ 100 kilom., 5 étapes, seulement trois camps.	3 camps.
La ligne d'Alger à Médéah est déjà établie passant par Douéra, Bouffaric, Blida et Beni-Sala.	
Total pour la province d'Alger. . . .	6 camps.

Total général 65 camps, nécessaires pour établir le nouveau système d'occupation.

Pour le compléter par l'adjonction de Tlemcen, avec trois lignes qui y convergeraient de Mascara, d'Oran, et de l'embouchure de la Tafna, il faudrait y joindre 15 à 18 camps ; en outre, pour maintenir Abd-el-Kader de l'autre côté de l'Atlas, dont il conviendrait d'occuper les principaux défilés, enfin, pour nous constituer maîtres de certaines positions importantes dans l'intérieur, faire communiquer Gigelly avec Milah, Dellys avec Hamza, Bougie avec le même point, etc., dix-huit ou vingt camps pourraient être encore utilement fondés. Total définitif, 100 camps.

Nous observons que, d'après le système indiqué, Constantine, Sétif, Hamza, Médéah, Tagadempt, Mascara et Tlemcen devraient être regardés comme points principaux, desquels seraient mises en mouvement les colonnes mobiles chargées des opérations militaires : ils devraient en conséquence être appropriés pour pouvoir caserner des corps de troupes plus considérables que ceux des simples camps, et être munis de magasins destinés à recevoir les approvisionnemens de toute espèce qui y parviendraient, envoyés par Philippeville, Bougie, Alger, Mostaganem et Oran, ou plutôt la Tafna.

DÉTAIL D'UN CAMP RETRANCHÉ.

Maintenant, en quoi consistera un camp retranché ?

Un camp retranché doit un jour devenir une ville ou un bourg. Il est impossible d'établir une règle invariable qui détermine son emplacement, dont la nature variera avec la nature du pays où il sera placé ; mais il sera, ce semble, le plus souvent fondé sur la pente d'un coteau, à peu de distance d'un courant d'eau, et dans une position salubre.

Sur la partie la plus élevée de l'emplacement choisi sera construite une enceinte fortifiée avec plus de soin, la citadelle, refuge assuré de la garnison dans les cas extrêmes ; au bas de la citadelle, une seconde enceinte, plus spacieuse, donnera place aux logemens de toute la garnison et aux magasins. Le genre de fortifications dépendra de la nature du terrain et des ressources offertes par le pays environnant. Le plus souvent il y aura une muraille crénelée et un fossé, le tout défendu par l'artillerie convenable. D'abord, les logemens et les magasins seront construits provisoirement tant bien que mal, car ils auront été construits à la hâte ; mais peu à peu l'industrie des chefs et de la garnison y suppléera, en attendant que le gouvernement fasse la dépense nécessaire pour des constructions définitives.

La garnison d'un camp devra être naturellement de cinq cents hommes à mille hommes, suivant l'importance de sa situation.

Cette garnison sera chargée d'entretenir, de chaque côté du camp, la moitié de la route de communication avec le camp voisin.

Pour augmenter la sûreté des communications, et en outre pour faciliter les transmissions des lignes télégraphiques qu'il sera nécessaire d'organiser, toutes les fois que la tranquillité du pays le permettra il sera placé de chaque côté du camp, sur la route, à la distance de quatre kilomètres environ, un poste fortifié avec une garnison convenable de cent à cent cinquante hommes.

D'autres postes fortifiés, dépendant toujours d'un camp principal, pourront encore être placés dans d'autres directions, pour occuper tantôt le défilé d'une montagne, tantôt le gué d'une rivière, enfin pour augmenter la sécurité du camp ou son importance.

Chaque camp retranché commandera tout le pays environnant, et devra se mettre en communication avec les tribus qui l'habitent. Il exigera leur soumission et des otages. En cas de refus, ou bien en cas de cessation de relations commerciales pour les approvisionnemens, il appellera les colonnes mobiles qui viendront infliger le châtiment et exiger la soumission ou le déguerpissement, principalement si la tribu insoumise habite l'intérieur de la ligne d'enceinte ; car pour les tribus qui se trouveront en dehors, et par là même plus exposées

2

aux vengeances d'Abd–el–Kader, nous devrons nous contenter souvent d'une bonne et loyale neutralité.

Le commandant en chef de chaque camp sera spécialement chargé de veiller à la sûreté des communications avec les camps voisins, et de les rendre journalières s'il est possible. Il fournira les escortes nécessaires aux voyageurs et aux convois. Un réglement déterminera les départs d'après le degré de tranquillité du pays à parcourir.

Les correspondances journalières à l'aide du télégraphe devront surtout être entretenues avec exactitude.

Alors arrivera le moment de s'occuper de la colonisation militaire.

Remarquons, en passant, que le système de grandes lignes de camps retranchés que nous proposons n'est que la reproduction, le rajeunissement des grandes lignes de stations romaines, et des longues voies de communications dont Rome a sillonné l'Algérie dans tous les sens.

Ces stations, que les Romains colonisèrent avec leurs vétérans, ces voies dispendieuses, dont nos soldats retrouvent encore les vestiges, furent certainement les bases essentielles sur lesquelles s'appuya la longue domination des Romains dans ce pays.

Pourquoi, pour atteindre le même but, n'adopterions-nous pas les mêmes moyens, en les modifiant toutefois d'après nos mœurs, nos usages et notre science militaire !

CHAPITRE V.

COLONISATION MILITAIRE.

Le principe de la colonisation militaire doit être indispensablement appliqué en Algérie, par les considérations suivantes, sur la gravité desquelles nous appelons particulièrement l'attention :

1° Une population militaire, habituée de longue main à la discipline de l'armée et aux périls de la guerre, peut seule, quel que soit le système que l'on adopte jamais, se trouver habituellement en contact immédiat avec les Arabes, et cultiver le territoire situé sur la ligne de nos frontières, plus exposé par cela même à leurs excursions.

La seule objection qui puisse se présenter, c'est que nous trouverons avec peine des militaires de bonne volonté; aussi ne pourrons-nous offrir trop d'avantages à nos soldats pour les engager à se coloniser.

2° Dès qu'un camp aura été colonisé, toute la dépense du gouvernement, pour l'entretien de la garnison de ce camp, *se trouvera restreinte* au laps de temps indispensable pour que chaque soldat colonisé puisse trouver, dans le produit de son travail, le bénéfice nécessaire à son entretien et à celui de sa famille. Ce délai peut être évalué à un terme moyen de trois ans, à partir de l'entrée en colonisation de chaque militaire.

Ainsi, après ce court espace de temps, le camp peut et doit subsister avec ses propres ressources, et l'économie de la mesure devient palpable, surtout si on la compare à la dépense énorme que doivent occasionner indéfiniment à l'état les camps aujourd'hui fondés, et qui ne doivent point être colonisés.

3° En cas de guerre continentale ou maritime, et les anxiétés par lesquelles nous venons de passer à cet égard doivent nous rendre la mesure d'autant plus appréciable, l'Algérie, avec

une nombreuse population militaire, colonisée dans son intérieur, pourra se suffire à elle-même et se défendre contre les
ennemis du dedans et du dehors, en appelant aux armes ses
propres colons, soit que la mère-patrie ait besoin de rappeler
ses régimens pour concourir à la défense de son territoire,
soit que la supériorité maritime des Anglais mette obstacle aux
communications avec nos ports méridionaux.

4° Enfin la colonisation militaire, mise en pratique d'après
le mode que nous allons indiquer, peut *seule* donner l'impulsion nécessaire à la colonisation civile, dont le développement
jusqu'à présent reste stationnaire en Algérie, et ne cessera de
végéter, si l'on n'adopte, pour la provoquer, soit les moyens
que nous proposons, soit d'autres moyens équivalens.

Il est presque oiseux de répéter ici ce dont tout le monde est
d'accord, que la colonisation civile doit s'opérer à ses propres
frais, tandis que la colonisation militaire, seule, doit être
établie aux frais du gouvernement. Et la raison de cette différence est bien naturelle, c'est que la colonisation militaire ne
doit être établie que sur un territoire en contact avec l'ennemi, et doit servir d'abri et de rempart à la colonisation civile.

Voici donc de quelle manière nous pensons qu'il y a lieu de
procéder pour obtenir le succès désirable.

MODE DE COLONISATION D'UN CAMP.

Dès qu'un camp aura été régulièrement établi et mis en bon
état de défense, que les logemens et magasins auront été disposés pour une garnison de 500 à 1000 hommes, suivant son
importance, que ses approvisionnemens enfin auront été com-
plétés, le commandant du camp fera mettre à l'ordre du jour
la communication suivante, faite au nom du gouvernement :

Art. 1er. Le gouvernement autorise le sous-intendant militaire à désigner vingt-cinq hommes de la garnison du camp
de *** pour entrer en colonisation.

Art. 2. Ces vingt-cinq hommes seront choisis parmi ceux

qui, librement et de bonne volonté, se feront inscrire à cet effet.

Art. 3. Ils seront immédiatement dispensés du service militaire régulier, sauf deux heures d'exercice le dimanche, et sauf aussi les cas extraordinaires où la sûreté du camp l'exigera.

Art. 4. Le directeur de la colonisation les partagera, autant qu'il sera possible, en plusieurs associations, formées à leur choix et convenance, auxquelles seront distribués par lots les terrains les plus fertiles dans les environs les plus rapprochés du camp. Il leur sera distribué en outre des instrumens de culture, et des graines propres aux ensemencemens du jardinage, plus des bestiaux et animaux de basse-cour en quantité suffisante.

Art. 5. Chaque association aura droit de prétendre à autan de fois dix hectares de terrain qu'elle compte de membres. Chaque membre aura toujours le droit de sortir d'indivision, et de demander partage équitable.

Art. 6. Le prix de vente de tous les produits de culture ou d'industrie, quels qu'ils soient, appartiendra en propre aux colons, sans qu'il en puisse être rien distrait, même pour les propres consommations du camp.

Art. 7. Les militaires colonisés, quoique dispensés du service militaire régulier, continueront néanmoins à recevoir le logement, la nourriture, l'habillement et la solde, sur le pied des militaires en activité de service, pendant deux ans au moins et quatre ans au plus, jusqu'à ce que le produit de leur travail ou de leur industrie leur permette de pourvoir largement par eux-mêmes à leur entretien et à leur subsistance.

Art. 8. En tout temps, et dans quelque circonstance que ce soit, le militaire colonisé pourra renoncer à la colonisation, par le fait seul de sa volonté exprimée au chef du camp. Il rentrera aussitôt dans les rangs de l'armée, si son temps de service n'est pas achevé; dans le cas contraire, il recevra sa feuille de route et de passage à bord pour retourner chez lui; mais il perdra sans indemnité tout le fruit de son travail.

Art. 9. Dès qu'une association de colons militaires se sera mise par son travail en état de pourvoir à l'entretien d'une famille, elle pourra autoriser celui de ses membres qu'elle désignera à demander un congé pour aller en France chercher dans son pays la jeune fille qu'il saura y pouvoir épouser. Il lui sera accordé une indemnité de route et même de voiture au retour, pour lui et sa jeune épouse.

Art. 10. A son retour au camp, le couple marié cessera d'être à la charge de l'état pour ses rations, logement, habillement et fournitures. L'association devra y pourvoir à ses frais, à la condition que le travail de la jeune femme lui appartiendra.

Art. 11. Le colon établi en ménage pourra, dès que le temps de son service militaire sera expiré, demander la délivrance du contrat de propriété définitive de la portion de terrain, même indivis, à laquelle il aura droit.

Telles seront les premières mesures à prendre lors du début de la colonisation d'un camp; vingt-cinq militaires seulement, sur six à huit cents, seront appelés à y prendre part.

On leur offrira en perspective l'avantage de devenir propriétaires, de ne travailler que pour leur propre compte, de n'être que dans leur propre dépendance, enfin de pouvoir faire partager l'aisance dans laquelle ils vont vivre à la jeune fille qu'ils devront épouser. Voilà, ce semble, une perspective suffisamment séduisante pour des jeunes gens de vingt-deux à vingt-cinq ans, qui, de retour dans leurs foyers, à l'expiration de leur temps de service, rentreraient, pour la plupart, dans la misère, et surtout dans la dépendance qui l'accompagne.

Il n'est pas douteux que, lors des premiers essais qui seront tentés, un grand nombre de jeunes soldats n'accepteront la colonisation que pour se soustraire aux fatigues de la guerre, à l'assujettissement de la discipline militaire, ou bien encore à l'ennui qui naît de l'oisiveté d'une vie de garnison;

Mais qu'importe! plus tard, ils affectionneront leur œuvre

et s'y attacheront ; réunis en association, l'émulation leur
aura promptement rendu le travail agréable ; ils auront tout créé ;
ils auront peine à abandonner une entreprise qui leur donnera d'ailleurs une véritable aisance, et le plus grand
nombre dira bientôt : Où se trouve le bien - être, là est la
patrie.

C'est en ce sens que nous estimons que, pour obtenir quelque succès, au début surtout d'une colonisation militaire, il
importe de ne pas s'adresser aux vétérans, mais bien aux jeunes soldats qui ont encore trois, quatre ou cinq années de
service actif à passer sous les drapeaux. Ceux-ci accepteront
par les motifs qui précèdent, souvent avec la réserve in-
time de quitter à l'expiration de leur temps de service ; mais
ils travailleront, s'attacheront à leur œuvre, se marieront,
goûteront leur aisance et finiront par rester.

Tandis que si l'on ne s'adresse qu'aux vétérans, l'impa-
tience de retourner dans leurs foyers, jointe à la possibilité
qu'ils auront de la satisfaire, les empêchera toujours de se
coloniser.

Les avantages ci-dessus offerts devront sans doute suffire
pour déterminer un nombre désirable de jeunes soldats à ac-
cepter la colonisation ; mais s'il était nécessaire d'augmenter
encore la somme de ces avantages, il ne faudrait pas hésiter,
surtout pour le début de la colonisation ; et ce ne serait pas là
subir une nécessité bien coûteuse, car à mesure que le goût ou
la mode de s'établir en Algérie se propagera, à mesure aussi
le gouvernement pourra peu à peu restreindre les avantages
qu'il accorde ; le point essentiel est de trouver des colons à
tout prix, pour le début de la colonisation ; mais on en trouvera, n'en doutons pas, moyennant les avantages ci-dessus
offerts.

L'association est nécessaire en principe pour produire l'émulation et éviter la nostalgie. Le chef que chaque association se
sera donné dirigera les travailleurs et excitera les paresseux ;
au besoin, il provoquerait leur exclusion. Mais l'association
est surtout indispensable pour que les colons puissent être

promptement en mesure de former des ménages. Un colon, travaillant isolé, ne pourra subvenir à l'entretien d'une famille qu'après avoir travaillé trois ou quatre ans, tandis que dans une association de quatre, six ou huit colons, l'un d'eux peut presque immédiatement être autorisé par les autres à aller chercher une femme qui soignera les détails du ménage, au grand avantage de la communauté. Le principe de l'association devra donc être maintenu et encouragé, comme essentiel au plus haut degré.

Un officier de la garnison sera chargé de présider à la partie colonisée ; il jugera les différends, maintiendra l'ordre, la police et la bonne harmonie, et correspondra avec le directeur de la colonisation pour réclamer l'envoi des fournitures et approvisionnemens de toute nature dont les colons auraient besoin. Enfin il traduira devant un jury composé de ses pairs le colon indolent, fera prononcer, s'il y a lieu, son renvoi sans indemnité, et sa réintégration dans les rangs de l'armée. Il surveillera d'ailleurs la direction donnée aux plantations et aux cultures, d'après les indications fournies par l'inspecteur des cultures.

Les premiers travaux, au début d'une colonisation militaire, devront évidemment se borner à la construction de logemens particuliers et au jardinage, jusqu'à concurrence de la consommation du camp. Au jardinage pourront être ajoutées quelques plantations d'oliviers, de mûriers et d'arbres fruitiers, plus l'éducation des volailles, des porcs, des bêtes à laine et à cornes, surtout si les environs offrent des ressources en pâturages.

Mais, six mois après, au renouvellement de la prochaine saison de printemps ou d'automne, si les circonstances n'y mettent pas obstacle, cinquante nouveaux colons pourront être adjoints aux vingt-cinq premiers, toujours par les soins du directeur de la colonisation, qui aura réuni d'avance dans le camp toutes les fournitures nécessaires et d'ailleurs peu considérables.

Les défrichemens commenceront alors à s'étendre, quoique

chaque hectare de terrain ne doive être soigneusement distribué à une association que lorsque le premier hectare aura été
convenablement défriché et mis en culture ; car le terrain le
plus rapproché du camp sera toujours le plus précieux, puis-
qu'il sera cultivé plus facilement et que ses récoltes seront
plus en sûreté. Enfin, peu à peu les broussailles et les makis
disparaîtront dans un rayon plus étendu ; les plantations se
multiplieront par les soins du directeur, qui enverra d'ailleurs les plants d'arbres appropriés au sol ; les prairies natu-
relles seront nettoyées et entretenues avec soin ; les bestiaux,
réunis sous une garde commune, seront conduits aux pâturages ; puis l'on commencera, si le terrain le permet, à
essayer les céréales.

Mais cette culture, plus difficile, et qui demande plus de
bras, ne devra être tentée que la dernière, et ne recevra quelque développement qu'après la saison suivante, où cent nouveaux colons pourront venir, toujours si les circonstances
le permettent, ajouter leur travail à celui des soixante-quinze
premiers.

C'est ainsi qu'à chaque renouvellement de saison d'automne ou de printemps, si la sûreté du camp n'y met pas
obstacle, une nouvelle série de colons pourra être ajoutée aux
premières.

Mais tous les soldats d'une garnison ne seront pas, à beaucoup près, disposés à entrer en colonisation, sans aucun
doute. Alors la garnison sera renouvelée, et parmi les nouveaux arrivés se trouveront de nouveaux élémens de colonisation.

Nous ne nous faisons pas illusion ; le plus épineux sera de
déterminer les premiers colons ; aussi rien ne devra être né-
gligé pour y parvenir : mais quant aux autres, s'ils reconnais-
sent que le gouvernement respecte ses engagemens, qu'aucune
volonté n'est contrainte, que le directeur pourvoit avec solli-
citude à tous les besoins, on peut en être assuré, on aura
bientôt, pour chaque appel nouveau, plus de candidats que
de places à donner.

L'administration, ou plutôt la bureaucratie de la colonisation, exigera sans doute un directeur, auquel seront subordonnés quelques inspecteurs suivant le nombre de lignes qu'on entreprendra de coloniser; enfin il faudra quelques employés pour la correspondance et la tenue des registres d'une comptabilité en fournitures dont l'emploi devra être justifié. En un mot, l'administration ne pourra être ni nombreuse ni dispendieuse, à moins qu'on ne mette de l'industrie à l'augmenter. Les fournitures tirées de France devront être achetées par les soins du gouvernement en France; celles qu'on achètera en Algérie, notamment les bestiaux, devront l'être par les soins des inspecteurs, d'après les ordres du directeur.

Mais une seconde époque bien importante s'ouvrira pour la colonisation militaire, lorsqu'un certain nombre de ménages se seront formés parmi les colons: ce sera 1° l'adjonction à la colonisation des camps de celle des parens, frères, sœurs ou amis des colons ou de leurs épouses; 2° l'adjonction aux jeunes ménages d'enfans de dix ou douze ans, fournis par les hospices de France, pour vaquer aux emplois de la domesticité.

Entrons à ce sujet dans quelques détails :

1° Nous l'avons déjà dit; si nous voulons conserver Alger, nous ne pouvons faire trop de sacrifices, d'abord pour provoquer la colonisation militaire, puis pour faire en sorte qu'elle donne l'impulsion à la colonisation civile, qui doit en être le complément. Aussi certains avantages devront-ils être attribués aux colons civils qui accompagneront les jeunes ménages militaires, et iront se fixer près d'eux. Des indemnités de route, la traversée gratuite, des concessions de terrain, des instrumens agricoles, des ensemencemens, etc., leur seront accordés, mais, bien entendu, pendant les premières années seulement, et tant qu'il sera nécessaire de seconder l'impulsion; car, cette impulsion une fois donnée, la dépense pourra être d'abord successivement restreinte, puis supprimée.

Mais alors sans doute la sécurité commencera à naître, et la population qui encombrera les camps aura étendu ses défrichemens et ses cultures dans un rayon qu'il ne lui sera plus permis de dépasser. Alors aussi pourront être formés, dans l'intérieur de la ligne d'enceinte, mais toujours à peu d'éloignement et sous la protection d'un camp, des villages défensifs sur le plan proposé par M. le général Bugeaud ; leur propagation dans les territoires les plus fertiles devra compléter l'œuvre de la colonisation en Algérie.

2° A chaque ménage de colons militaires ou civils, et sur sa demande, pourront être envoyés un jeune garçon et une jeune fille de l'âge de dix à douze ans, et choisis avec soin dans les hospices de France parmi les enfans les plus robustes et les plus sains dont ces établissemens auront à chercher le placement. Nous ne doutons pas que les avantages qui résulteront pour ces enfans d'un placement pareil ne satisfassent les administrations hospitalières, car nous entendons bien que, sous le point de vue de la moralité, l'intérieur des camps colonisés ne ressemblera en rien à la plupart des villes de l'Algérie, qui, malheureusement, ne sont encore trop souvent que le réceptacle de tant d'aventuriers que le vice, la crapule et la fainéantise ont forcés de s'expatrier. Ces enfans seront placés sous le patronage des jeunes ménages, auxquels ils devront obéir, et dont ils recevront la nourriture et le vêtement jusqu'à l'âge convenable pour leur affranchissement. Ils seront d'ailleurs protégés et surveillés par l'autorité locale.

Nous ne croyons pas devoir entrer dans mille détails relatifs à la colonisation, et qu'il serait bien intéressant de traiter Nous ne répondons pas non plus d'avance à mille objections qui se présentent, parce que dans cette courte brochure nous ne voulons envisager l'entreprise de la colonisation que dans un large ensemble : l'attention, distraite par des détails trop minutieux, manquerait l'effet du point de vue. Notre but unique en ce moment est de prouver qu'il faut un système de colonisation, et que celui que nous proposons est raisonnablement facile à exécuter. Mais si le gouvernement ou la presse nous demandent des explications de détails, nous nous empresserons de les donner, non pas systématiquement, et comme si nous voulions persuader qu'il ne se présentera aucun obstacle pénible à surmonter, mais avec la conviction sincère que si l'entreprise est conduite avec persévérance et loyauté par un homme probe et ferme, il n'y a point de doute à concevoir sur sa réalisation et sur les avantages qui doivent en résulter.

CHAPITRE VI.

QUESTION FINANCIÈRE.

Pour réaliser tous les avantages qui doivent résulter de la consolidation de la puissance française en Algérie au moyen du système que nous proposons, nous avons demandé cent camps retranchés, au moyen desquels nous pourrons coloniser cent mille hommes.

Nous devons calculer sur une moyenne d'un million pour fonder chaque camp, et y coloniser mille hommes ; moitié de la somme servira pour la fondation, l'autre moitié pour la colonisation. Mais cette prévision est large, et la dépense réelle ne devra pas l'excéder.

Il s'agirait en conséquence d'un surcroît de dépense de cent millions, en excédant de la dépense actuelle, qu'il faudra maintenir.

Le gouvernement et les chambres devront donc prendre les deux engagemens qui suivent :

1° De continuer encore pendant dix ans, le subside annuel de 50 à 60 mille hommes et de 50 à 60 millions qui sont votés aujourd'hui pour l'Algérie;

2° D'accorder en outre, pendant ces mêmes dix années, pour la fondation et la colonisation de cent camps environ, un surcroît de dépense extraordinaire de dix millions par année.

Examinons maintenant l'importance et le résultat de ces deux votes :

Nous ferons observer avant tout que le subside actuel accordé chaque année a été jusqu'à ce moment dépensé en pure perte, car il est avéré que l'Algérie reste stationnaire; que cependant, par la seule force des choses, ce subside continuera à être ainsi voté et dépensé chaque année, toujours en pure perte, jusqu'à l'adoption d'un système qui tende à consolider sérieusement notre domination. Si donc la mise à exécution de ce système doit coûter par an dix millions, hâtons-nous de les dépenser, pour rendre profitables les soixante autres millions de dépense ordinaire.

Mais dans les circonstances politiques où nous nous trouvons, et dans la prévision d'une guerre plus ou moins éloignée avec l'Angleterre, il est un autre point de vue encore plus essentiel sous lequel nous devons placer le lecteur.

Nous lui ferons remarquer :

1° Que les dix millions accordés pour la première année devront suffire pour ébaucher la fondation de trente camps environ, et pour commencer leur colonisation ;

2° Que la seconde année, avec la même somme, nous pourrons ébaucher la fondation des trente derniers camps environ, *qui complètent le système d'occupation que nous proposons comme indispensable à la domination de l'Algérie ;*

Que, dès-lors, la stabilité de notre domination sera devenue inébranlable, et qu'il ne s'agira plus que de la perfectionner ;

3° Que, les années suivantes, les crédits alloués serviront en effet à perfectionner l'établissement des camps et à compléter leur colonisation, enfin à y construire les fortifications, les logemens et les magasins définitifs. De plus on pourra alors s'occuper de la province de Tlemcen, et consolider à jamais l'occupation par la fondation du reste des camps retranchés.

Il résulte de ces observations que, deux ans après la mise à exécution du système proposé, et moyennant une dépense de vingt millions employés à fonder soixante camps et à les coloniser, notre établissement en Algérie ne pourra plus se trouver compromis, soit par une guerre avec Abd-el-Kader, soit par une guerre maritime ou continentale, ainsi que nous venons de l'expliquer. Or, là est le point essentiel, et qui doit dominer toutes nos résolutions à prendre, car il rend stériles ou productrices toutes les dépenses déjà faites en hommes et en argent.

Les dépenses à faire les années suivantes serviront à consolider le système, à rendre notre établissement définitif, en augmentant le bien-être des troupes et des colons, en élevant des constructions durables, etc. , en un mot en perfectionnant l'administration.

Maintenant, ne pouvons-nous pénétrer dans l'avenir, et nous demander quelle sera la situation politique, productive et commerciale de l'Algérie dans dix ans?

Lorsque cent mille braves militaires y auront été colonisés avec leurs femmes et leurs enfans, formant cent mille familles européennes;

Lorsque, bientôt après, cent mille autres familles formées de l'union entre eux des enfans tirés des hospices, viendront soutenir les premières;

Lorsqu'on pourra prochainement y ajouter un nombre égal de familles de parens de ces militaires, première époque du développement de la colonisation civile ;

Lorsque ces trois cent mille familles auront mis l'Algérie en exploitation d'une extrémité à l'autre, de Tlemcen à la Calle;

Lorsqu'un commerce immense sera alimenté en exportations et importions, par les productions et les consommations de toutes ces familles européennes, lesquelles consommations et productions seront peut-être plus que doublées par celles des populations arabes, soumises à notre domination où en relations de commerce avec nous, et auxquelles un état de paix et de tranquillité prolongé permettra de se livrer sans inquiétude à leurs cultures et industries locales ?

Ne pouvons-nous pas conclure hardiment qu'en peu de temps nous arriverons à ce point de prospérité où nos douanes d'abord, puis l'impôt foncier, la vente des terrains de l'état, les redevances payées par les populations indigènes, tous les autres revenus enfin, couvriront et l'intérêt des cent millions et les dépenses annuelles du gouvernement, et qu'enfin la France aura en bénéfice net l'immense profit du nouveau débouché ouvert aux produits de son sol et de son industrie?

Nous ne voulons pas parler ici de la haute et si importante

supériorité que la France aura acquise définitivement sur la Méditerranée, car nous ne nous occupons ici que de la question d'argent.

C'est à l'opinion publique, c'est au gouvernement, c'est aux chambres qu'il appartient de supputer dans leur sagesse si la mise dehors de cent millions est trop considérable pour le profit que nous avons à espérer.

Eh bien! cet enjeu, ces cent millions de mise dehors extraordinaire, nous demandons bien que la France en fasse les avances, mais nous croyons qu'ils ne doivent être qu'un emprunt dont l'Algérie servira d'abord les intérêts, en attendant que sa prospérité croissante la mette en état d'en amortir le capital.

En effet, si la France, aujourd'hui, croit son honneur, sa gloire, son importance politique, intéressés à ce point à la conservation de l'Algérie qu'elle consente à un subside annuel de soixante millions, il est naturel que cette dépense reste à sa charge.

Mais si cent millions doivent en outre être dépensés pour procurer une aisance inespérée à cent mille familles européennes, ou bien un état de paix jusqu'alors inconnu aux populations indigènes, il nous semble équitable que ces cent millions restent à la charge de ces familles et de ces populations.

Un emprunt, dont le produit sera spécialement appliqué à l'Algérie, devra donc être contracté en son nom, sous la garantie du gouvernement français : il sera de dix millions chaque année, pendant dix ans.

Les intérêts en devront être payés sur les produits résultant

De la vente des terrains de l'état,

De l'impôt foncier,

Des redevances acquittées par les populations indigènes, etc., en un mot, de tous les genres de revenus qui, sans la mise à exécution du système proposé, resteraient improductifs, et qui ne peuvent acquérir de l'importance que lorsqu'il sera réalisé.

Ces revenus, indépendamment de la garantie du gouvernement, serviront d'hypothèque à l'emprunt, et devront être
employés à son amortissement, dès que l'élévation de leur produit le permettra.

Le gouvernement français continuera à s'appliquer le revenu des douanes, qui, sans doute, ne restera pas long-
temps aussi insignifiant qu'il l'est aujourd'hui.

Au résumé, dans dix ans d'ici, en 1850, le bilan général des
dépenses de la France pour l'Algérie pourra être évalué comme
suit :

Quatre cents millions dépensés avant et y compris 1840,

Six cents millions dépensés de 1840 à 1850,

Total, un milliard.

Mais alors l'Algérie produira, et elle sera sur le point de
donner un revenu égal à la dépense. La différence dans tous
les cas se trouverait compensée d'avance par les produits des
douanes de 1841 à 1850, que nous n'avons pas portés en dé-
duction dans l'évaluation ci-dessus à soixante millions
par an.

Restera donc en définitive la dépense d'un milliard que la
France aura faite pour avoir en sa possession un vaste empire,
présentant un développement de neuf cent soixante kilomètres
de côtes, situées en face des siennes, à trois journées de navigation de distance. Nous venons d'énumérer, il y a quelques
instans, les principaux élémens de l'importance de cet empire;
nous éviterons une répétition fatigante. Mais tout cela aura
coûté un milliard.......!

A cela, une réflexion :

Nous trouvons, nous, qu'à ce prix la possession de l'Algérie aura été acquise à très-bon marché.

D'autres trouveront sans doute qu'elle aura été payée fort
cher.

Mais quelle que soit l'opinion que chacun professe à ce
sujet, tout homme sensé conviendra du moins

Qu'à continuer pendant dix ans encore le système suivi depuis 1830, on aura dépensé le milliard en 1850, et qu'il aura

été dépensé en pure perte et pour rien ; et qu'alors l'Algérie sera encore, comme aujourd'hui, une charge intolérable, et, qui pis est, sans compensation !

Il nous reste à examiner quel sera le développement successif de tous ces camps, dont la prospérité future nous aura coûté tant de millions à préparer.

CHAPITRE VII.

DES CAMPS COLONISÉS.

Un camp colonisé, avant de devenir une ville ou un bourg, aura plusieurs phases à parcourir.

A la première époque de sa fondation, il aura été purement militaire.

A peine les ravages d'une guerre incessante se seront-ils éloignés de ses environs, qu'une seconde époque s'ouvrira pour lui ; on commencera à le coloniser. Sur sa garnison de six à huit cents hommes, on en colonisera vingt-cinq ou trente pour subvenir aux premiers besoins de sa consommation. Le nombre des colons sera porté successivement à soixante-quinze ou cent, si la tranquillité des environs le permet.

Jusque-là, le régime intérieur du camp sera entièrement soumis aux exigences de l'autorité militaire.

Mais les chances de troubles et de dévastation continuant à diminuer, parce que le théâtre de la guerre se sera éloigné, alors le nombre des colons sera augmenté ; il sera porté à deux cents, puis à trois cents. Les mariages commenceront à se multiplier ; les défrichemens prendront une extension plus grande ; les broussailles , les makis seront détruits dans un rayon plus prolongé ; et pendant que la partie colonisée de la garnison vaquera aux travaux de la campagne, l'autre partie veillera à la sûreté de la première , montera la garde, fera des patrouilles , éclairera les environs.

A cette époque commencera pour les militaires colonisés un premier essai du régime municipal, encore subordonné toutefois à l'autorité militaire.

Cependant le camp ne présentera plus déjà dans son intérieur un aspect purement militaire ; le gouvernement s'occupera de pourvoir à la construction des bâtimens nécessaires à l'administration et au casernement de la garnison, aux magasins et aux services publics ; il aura avant tout perfectionné le système de défense, enfin il aura dépensé le million attribué à la fondation de chaque camp. Alors les travaux de la campagne n'occuperont pas seuls les habitans colonisés ; tous les métiers, les arts, les professions que nous voyons exercer avec succès et profit dans nos bourgs et villages, pourront aussi être cultivés par ceux de nos jeunes soldats-colons qui les auront appris : le cordonnier, le tailleur, le menuisier, le serrurier, le charron, le maçon, le charpentier, etc., abandonneront à leurs camarades le soin de cultiver la portion de terrain à laquelle ils auront droit, et concourront, sans sortir du camp, au bien-être général.

Un des soins principaux du directeur de la colonisation sera sans doute de procurer à chaque famille d'artisans les moyens nécessaires pour exercer son industrie.

Le nombre des ménages, à cette époque, sera devenu presque égal à celui des colons : les enfans nés des premières unions, joints aux enfans tirés des hospices, auront déjà rendu chaque famille bien plus nombreuse.

Mais alors les grandes lignes de camps retranchés, qui, dans le principe, auront dû être tracées sur les principales lignes des grandes communications, cesseront d'être des lignes frontières. Nos colonnes mobiles, dont les opérations seront toujours appuyées sur les camps, tendront incessamment à refouler toutes les tribus hostiles par-delà l'Atlas ; quelques nouveaux camps et de nombreux postes fortifiés auront été établis à tous les défilés, à tous les passages des montagnes, de manière à protéger la tranquillité à l'intérieur des bassins qu'elles forment.

Désormais la colonisation d'un camp pourra s'étendre aux trois quarts, et suivant le degré de sécurité, à la totalité de la garnison. Ici, le régime municipal prédominera sur le régime militaire. Le camp aura perdu les apparences d'un camp ; il sera devenu une ville, un bourg. Son entretien aura totalement cessé d'être une charge pour le gouvernement ; loin de là, il commencera même à produire un revenu au profit de la colonie ; et ce revenu devra s'augmenter avec rapidité. Au lieu d'avoir une garnison, la place sera défendue par une garde nationale, ou milice, habituée de longue main aux exercices et à la discipline militaires : son existence ne reposera pas seulement sur le papier, mais elle se tiendra constamment prête à recevoir à chaque instant l'ordre de reprendre son activité de service. Ce service devra principalement être sédentaire, puisque les colonnes mobiles seront surtout organisées pour faire au loin les expéditions qui seront jugées utiles ; cependant, lorsque la sûreté de la contrée et des camps voisins l'exigera, notre milice sera susceptible d'être en partie mobilisée : dans ce cas, la mise en état de siége proclamée par le chef militaire supérieur fera rentrer les camps sous son autorité immédiate.

Mais, à cette époque, des constructions civiles plus importantes, des édifices même, se seront élevés. Les mairies, les églises, les écoles, les occuperont principalement. Certaines localités auront même la justice de paix ; d'autres, plus importantes encore, auront la sous-préfecture et le tribunal civil ; quelques-unes enfin la préfecture.

Alors des relations plus intimes, plus journalières, se seront établies entre les Européens et les indigènes ; la fusion commencera à s'opérer ; car un respect égal sera porté aux deux religions, dont les ministres seront également rétribués, mais se trouveront par conséquent dans la dépendance du gouvernement. Les caïds des tribus, les chefs des principales familles ambitionneront le titre de citoyens français, qui leur sera accordé pour récompense de leur fidélité et de leurs bons services. Nous en viendrons bientôt à pénétrer complètement dans l'intérieur de ces populations, qui trouveront profit, sûreté et bien-être à leurs relations commerciales avec nos établissemens. Des mariages habilement préparés achèveront de confondre les deux peuples, et la France aura acquis enfin un empire florissant qui rivalisera avec elle pour soutenir l'honneur et la dignité du nom français.

CHAPITRE VIII.

COLONISATION CIVILE.

A l'expiration des dix années, la colonisation civile aura dû recevoir depuis long-temps une puissante impulsion de la colonisation militaire. Nos jeunes ménages, impatiens d'attirer près d'eux leurs parens, leurs amis, pour les faire participer à leur aisance, leur auront dépeint, en termes sans doute exagérés, mais par cela même d'autant plus persuasifs, la fertilité du sol, la beauté du climat, la douceur de la propriété et de l'indépendance, le bon marché des terres, etc., Une sincérité plus scrupuleuse exigerait peut-être qu'ils rendissent également compte des alertes où les aura souvent tenus l'annonce d'une excursion des ennemis, des maladies auxquelles s'exposent les étrangers non acclimatés, des fièvres qui, en tout pays du monde, proviennent des défrichemens nouveaux, etc., etc. Mais qui ne connaît l'esprit humain, et la propension qui lui est naturelle, d'une part, à présenter tous les objets sous le point de vue qui est favorable à ses désirs, tandis que d'autre part il juge d'autant plus avantageusement les choses qu'elles se passent dans un lieu plus éloigné !

Nous sommes donc autorisés à croire qu'un grand nombre de familles, sans parler de celles qui tous les ans se trouvent disposées à aller en Amérique, voudront prendre leur part de cette aisance, de cette indépendance de la propriété, qu'elles trouveront sans doute à l'aide du travail et d'un genre de vie régulier, mais non pas en vivant dans la fainéantise ou la dissolution.

Le gouvernement, d'ailleurs, devra, dans cette circonstance encore, aider de ses secours les premières familles qui viendront se réunir aux colons militaires ; sauf, comme nous l'avons déjà dit, à les restreindre, à mesure que la tendance à aller s'établir en Algérie se prononcera davantage en France.

Quant aux colons civils qui ne seraient pas disposés à courir les risques d'un éloignement aussi dangereux, et qui ne voudraient pas quitter les environs d'Alger, nous ne pouvons nous dissimuler que l'état actuel des choses est de telle nature qu'ils auront à surmonter un grave obstacle, lequel s'opposera long-temps encore au développement de la prospérité dans les environs de cette capitale. Nous voulons parler de la spéculation des terrains dans la Mitidja, qui paralysera toujours la colonisation, parce qu'elle sera cause que le pauvre cultivateur sera presque nécessairement pressuré par quelque vampire, qu'il soit le spéculateur lui-même, ou bien qu'il soit un usurier.

A ce mal, nous ne voyons qu'un seul remède dont l'application nous semble urgente, et que voici :

Le gouvernement devra statuer par mesure législative,

1° Que tout propriétaire de terrain situé en-deçà des limites du territoire que nous occupons devra faire à l'autorité, dans un délai fixé, la déclaration de sa propriété, et du nombre d'hectares auquel il évalue sa superficie, sous peine d'encourir la déchéance ;

2° Que tout terrain possédé par un particulier est assujetti à payer par hectare une contribution foncière déterminée par la loi ;

3° Que l'autorité pourra faire remise de cette contribution pour tout terrain mis en culture régulière, à titre d'encouragement ; mais que cette faveur ne pourra être accordée sous aucun prétexte pour un terrain non cultivé.

Les motifs qui auront dicté cette mesure sont fondés sur l'équité, car ces terrains n'ont de valeur qu'autant qu'ils sont protégés par l'occupation ; il est donc naturel qu'ils participent aux dépenses de cette occupation.

Quant aux autres provinces de l'Algérie, où l'autorité s'oppose sagement aux spéculations sur les terrains, il conviendra aussi de statuer sur le droit de jouir de la propriété de la manière suivante :

1° Le gouvernement français est déclaré propriétaire, par

droit de conquête, de tous les terrains vagues de l'Algérie, c'est-à-dire de tous ceux qui ne sont pas soumis à une exploitation régulière, ou pour lesquels il n'a pas été fait une déclaration de propriété assujettissant au paiement d'un impôt. Il pourra les vendre, ou les concéder à son gré, ainsi que ceux qui sont cultivés par des tribus arabes, dont l'expulsion hors du territoire français aura été décrétée.

2º Les troupeaux des établissemens français pourront pâturer indifféremment sur tous les terrains vagues qui se trouvent à leur portée, quelle que soit la tribu dans les environs de laquelle ils sont situés.

3º Les troupeaux des tribus indigènes devront rester dans les limites où ils se tenaient avant la conquête, et ne pourront s'étendre sur le territoire des tribus voisines.

4º Le gouvernement désignera les terrains favorables à la végétation des forêts dont il se réserve l'exploitation et la propriété. Tout droit de pâturage est interdit sur leur superficie.

CHAPITRE IX.

CONSIDÉRATIONS GÉNÉRALES.

On discute beaucoup sur l'occupation restreinte ou illimitée :

D'autres opinions semblent présenter l'Algérie comme acquise à la France, parce qu'on aura défendu la Mitidja par un obstacle continu, soit un mur, soit un fossé ;

Enfin, on prétend pouvoir appliquer à la partie occidentale de l'Algérie le mode de domination qui réussit, dit-on, dans la province de Constantine.

Ces trois moyens, selon nous, sont insuffisans ou chimériques, et ne peuvent avoir d'autre résultat que de prolonger pendant quelques années encore, et en pure perte jusqu'à l'abandon, la dépense actuelle de soixante millions par an.

En vain vous voudrez vous en tenir à l'occupation restreinte; la dignité de la France, l'honneur de ses armes, s'opposeront toujours à ce qu'Alger, Bone et Oran soient convertis en *presidios*. Il n'y a ni chambres ni ministères à qui il soit loisible de tenir tête à cet égard à l'opinion publique, et de ravaler ainsi la France au niveau de l'Espagne; et puis d'ailleurs, que ferez-vous de Constantine? oserez-vous l'abandonner? nous en appelons à tous les souvenirs héroïques qui s'y rattachent! Si vous ne l'abandonnez pas, votre système tombe, car ce n'est plus l'occupation restreinte. Ce système n'est pas à discuter.

L'obstacle continu! il peut absolument être appliqué à la Mitidja, avec plus ou moins de succès ; ce que l'expérience seule pourra démontrer. Mais la dépense sera considérable, trop considérable surtout pour pouvoir être répétée ailleurs. Cette mesure a été conçue dans des vues qui n'ont envisagé que la localité d'Alger exclusivement; ce n'est pas avec de semblables mesures que la France ajoutera l'Algérie à son empire. Cette œuvre véritablement grande ne saurait s'accomplir à l'aide de moyens aussi mesquins ; celui que nous proposons, de rejeter jusqu'à Médéah et Hamza le théâtre de la guerre, nous semble un moyen plus à sa hauteur. Au reste, cette mesure ne peut être que locale, et ne constitue pas un système ; nous n'avons donc pas non plus à la discuter.

Le système qui réussit, dit-on, dans la province de Constantine, est-il applicable aux provinces d'Alger et d'Oran ? Nous le croyons chimérique. D'abord, jusqu'à quel point les tribus des environs de Constantine reconnaissent-elles notre domination ? En quoi consiste cette domination ? Qu'en disent les tribus des environs de Bougie, de Jigelly, de Dellys et tant d'autres, qui pourtant ne craignent pas les vengeances d'Abd-el-Kader ? Quand ce système aura été appliqué à ces tribus, et qu'elles auront reconnu notre domination, quand nous pourrons sans inconvénient risquer à Tagadempt une garnison aussi isolée que celle que nous avons à Sétif, et que l'autorité d'Abd-el-Keder sera méconnue dans la partie occidentale de l'Algérie, nous pourrons absolument songer à l'application de ce système, s'il n'y en a pas de préférable ; mais avant cette époque il est inutile d'en discuter les avantages et les inconvéniens, par la raison toute simple qu'il n'est pas encore applicable, et que probablement il ne le sera jamais.

En résumé, aucun de ces moyens ne comporte ni sécurité, ni colonisation, ni production ; et nous ne devons pas oublier que, en dehors de ce principe fondamental, il n'y a point de salut pour l'Algérie ; mais qu'il en résulte seulement pour la France des charges exorbitantes pendant un nombre d'années indéfini.

Revenons donc à notre principe :

La France doit conserver l'Algérie.

Mais personne ne s'occupe de rechercher les moyens propres à la conserver avec avantage.

Nous osons pourtant en proposer, et nous demandons :

Cent camps retranchés,

Cent mille hommes à coloniser,

Et cent millions de dépenses en dix années.

A l'aide de ce système, que nous venons de développer dans ses détails, pourrons-nous raisonnablement espérer

Que la sécurité sera suffisamment garantie,

Que la colonisation en général prendra une extension convenable,

Enfin que la production pourra avoir lieu dans des proportions assez larges pour dédommager bientôt la mère-patrie de ses dépenses ?

Résumons notre situation en Algérie :

N'est-il pas indispensable de pénétrer au cœur de l'Algérie, et de nous y maintenir, si nous voulons à la fois ruiner l'influence d'Abd-el-Kader, protéger les populations qui voudront se rallier à notre cause, et expulser celles qui resteront hostiles ?

Comment nous maintenir au cœur de l'Algérie, si ce n'est au moyen de lignes de camps retranchés ?

Comment amortir en peu d'années la dépense occasionnée par leurs garnisons, si ce n'est au moyen de la colonisation militaire ?

Comment constituer au centre de l'Algérie une force militaire assez grande, des ressources en subsistances assez positives pour pouvoir nous y maintenir quoi qu'il arrive, malgré les efforts d'Abd-el-Kader, malgré une guerre européenne ?

Comment enfin donner l'impulsion à la colonisation civile,

Si ce n'est encore au moyen de la colonisation militaire ?

Quant à la dépense, si elle est considérable, songeons que nous en serons largement dédommagés et par l'extension immense que prendra notre commerce, et par l'influence prépondérante, incontestable, qu'une domination bien assurée sur l'Algérie nous donnera dans la Méditerranée.

Et surtout n'oublions pas qu'aujourd'hui nous dépensons

soixante millions, nous pouvons le dire, en pure perte, car nous les dépensons sans avenir.

Nous laissons à la conscience publique le soin d'apprécier ces considérations.

Nous aurions voulu y joindre, avec quelque développement, une dissertation sur plusieurs questions intéressantes qui s'y rattachent essentiellement.

Nous aurions comparé le plan de colonisation militaire indiqué ci-dessus, avec le système de colonisation au moyen duquel les Romains savaient occuper pour toujours les pays conquis où ils envoyaient leurs vétérans.

Nous aurions parlé des colonies militaires de la Russie et de l'Autriche, et démontré que ce système n'est pas applicable à l'Algérie, parce que les circonstances ne sont pas les mêmes.

Nous aurions prouvé que la fertilité de ce beau pays peut en faire un jour le grenier de l'empire français, comme il le fut de l'empire romain ;

Qu'il peut offrir un vaste champ aux plus heureuses spéculations ;

Qu'il doit offrir au commerce français un immense développement ;

Que l'influence qui doit en résulter pour la France sur la Méditerranée est de la plus haute importance, et que son résultat inévitable sera l'adjonction de Tunis et de Maroc à l'Algérie, en leur appliquant le même système ;

Enfin, qu'un ministère habile pourrait se concilier une immense popularité en fixant l'attention publique sur ce pays, en y opérant avec succès dans de larges proportions, en provoquant de la sorte une heureuse diversion sur les tendances exagérées des partis, en offrant enfin un nouvel Eldorado à tant d'esprits ardens et aventureux qui compromettent l'ordre en France, tandis qu'il serait possible d'en tirer un parti utile en Algérie.

Mais, dans ce moment, tout notre but se borne à appeler

l'attention publique sur la nécessité de changer le mode actuel de gouverner l'Afrique , et de lui substituer un système moyennant lequel tant de sang et de trésors ne seront plus chaque année dépensés toujours en pure perte.

P. S. Nous venons de lire dans les journaux le récit d'une *razia* exécutée avec succès à la fin de novembre par le général Lamoricière contre les Garrabas, campés à quatre-vingt-douze kilomètres d'Oran.

Nous demandons quels ne seraient pas les résultats à obtenir de l'activité de l'habile et intrépide général, si, au lieu d'être renfermé dans Oran , et de pouvoir seulement rayonner autour , il lui était loisible d'opérer à un éloignement de quatre-vingt-douze kilomètres , à partir d'une ligne de camps comme celle d'Oran à Mascara et à Tagadempt ?

Ne serions-nous pas alors sans conteste les dominateurs de cette partie de l'Algérie ?

CONCLUSION.

Nous concluons de tout ce qui précède qu'il conviendrait :

Pour 1841 ,

1° De faire, dès le printemps prochain, *un essai de colonisation militaire* sur la ligne d'Alger à Médéah, et de coloniser vingt-cinq hommes par chacun des camps de Douéra, Bouffaric, Blida, Beni-Sala et Médéah, ou du moins de ceux de ces camps dont les environs sont susceptibles de culture ;

2° D'étendre ce même *essai* à Coléah, à Scherchel et à Miliana ; à Mostaganem, à Mazagran et à Arzeu ; à Gigelly, à Philippeville, au camp de l'Arrouch, à Milah, à Guelma, etc.

Si ces essais, qui auront été peu dispendieux, trouvent en nombre suffisant des jeunes soldats disposés à y prendre part, alors, à l'automne suivant ,

1° On augmentera le nombre des colons dans chacun des camps ci-dessus désignés ;

2° On établira les lignes de camps retranchés ,

    de Médéah à Scherchel ,

    de Médéah à Hamza ,

    d'Hamza à Alger ,

    d'Oran à Mascara ,

    de Mostaganem à Mascara.

Pour 1842, si les bons résultats se soutiennent,

1° On augmentera la colonisation des premiers camps ;
2° On colonisera 25 hommes par chaque nouveau camp ;
3° On établira les lignes suivantes :

de Médéah à Tagadempt,
de Mascara à Tagadempt,
de Hamza à Sétif,
de Constantine à Sétif,
de Bone à Constantine.

Pour 1843 :

1° On augmentera la colonisation dans les anciens camps ;
2° On la commencera dans les nouveaux camps ;
3° On établira les lignes de

Bougie à Sétif,
idem à Hamza,
Tennis au Chélif,
Tlemcen à Mascara,
idem à Oran,
idem à l'embouchure de la Tafna.

Les années suivantes, on emploira les crédits à perfectionner les fortifications, à construire les casernes, les magasins, les logemens d'administration ;

Et alors, dans les rapports annuellement présentés aux chambres, la France pourra suivre distinctement les progrès qui se succéderont chaque année dans la consolidation de sa puissance en Algérie, et se rendre un compte clair et raisonné de l'emploi des subsides qu'elle accorde.

FIN.